编委会成员

顾　　　问：杨其江　王　军

主　　　编：沈　淬

副　主　编：王　珍　傅月莉

编者委员会：朱耿慧　张　跃　李　敏　李　锋
（按姓氏笔画排列）
　　　　　　秦　清

Xiǎo Yǔ Dī

小 雨 滴

——青少年法律常识

沈 泽 主编

人民出版社

前　言

　　睢宁位于江苏省徐州市东南部，是文化部命名的全国唯一的"儿童画之乡"。睢宁儿童画以新颖明快的乡土气息，充分表现出孩子们独特的思维方式和非凡的创造力，洋溢着童心的天趣和光彩。在国际上多次获奖，享有很高的声誉，多次被外交部作为国礼赠送给外宾。

　　江苏省睢宁县人民检察院联合睢宁县教育局，在2008年编撰的《失火的"天堂"》一书基础上，再次选编近年来发生的涉及未成年人典型违法犯罪案例，编撰本书。书以睢宁儿童画为衬托，从儿童视角阐释法律，形式活泼，内容丰富。同时通过一个个案例、一段段讲解、一篇篇点评，像点点雨滴，敲打心田。本书分别由案例回放、案例分析、行为指导等部分组成。旨在用身边的事教育身边的人，预防未成年人违法犯罪行为发生，提高未成年人知法、懂法、守法和自我防护意识，是一部通俗的中小学法制教材。

　　本书编撰过程中，各级领导在百忙之中为本书提供了宝贵意见，在此特别感谢。还要感谢睢宁儿童画美术组的老师和同学，他们创作了儿童画，让本书编撰形式新颖。

　　当然，由于时间仓促，水平有限，不足之处，敬请指正。

睢宁县人民检察院

2015年5月

目　录

第一章

强取豪夺为人耻

《痴心妄想发财梦》

作者：睢城小学　韩尧宇　　辅导教师：彭　淼

酒后劫财进班房

2011年5月的一天凌晨，17岁的王乐与李明、王浩酒后骑摩托车在街上闲逛，经过睢宁县某纺织公司附近时，遇到了独自一人的杨某。三人计议一番后，冒充该公司巡逻人员将杨某强行拦下，殴打、搜身之后，将杨身上的现金6.5元及一部手机抢走，经鉴定，该手机价值20元。

酒后一时冲动，三人却要分别为这26.5元付出牢狱代价。

2011年12月16日，法院以抢劫罪判处李明有期徒刑二年，罚金人民币500元；判处王乐有期徒刑二年零六个月，罚金人民币500元；判处王浩有期徒刑四年，罚金人民币1000元。

图　说 //

不努力，不奋斗，一天到晚想着歪门邪道去发财的人结果只能一事无成，甚至会断了自己的前程。我们只有依靠自己去努力，脚踏实地，才能拥有一个美好的未来。

《举起手来》

作者：实验小学　　谢雨霏　　辅导教师：鲁　敏

网瘾引发的抢劫

16岁的周宏家住邱集镇，早早辍学的他迷上了上网。2009年11月的一天，网瘾上来的他偷了家中200元钱到网吧挥霍了，为弥补周宏动起了歪心思。晚上7点左右，周宏到王集镇某废品收购点，翻墙进入被害人田某家中，将刀架在田某脖子上进行威胁，共抢取人民币2472元。

2010年2月23日，周宏被判处有期徒刑七年，并处罚金人民币1000元。

图 说

因为贪心和懒惰，他们选择了抢劫别人的钱财，这三个人的"冒险"让警察抓个正着，可是他们因为一时的冲动，可能会搭上一辈子的幸福。

《打劫啦！》

作者：实验小学　　陈梓文　　辅导教师：吴海燕

　　上述两则案例是典型的抢劫罪。王乐、李明、王浩、周宏均是年满14周岁并具有刑事责任能力的自然人，主观方面以非法占有为目的，对财物的所有人杨某、田某当场使用暴力、胁迫方法，强行抢走财物，他们的行为已经构成抢劫罪。抢劫罪既侵犯公私财物的所有权又侵犯公民的人身权利，具有严重的社会危害性，因此我国刑法将抢劫罪列为重罪。另外构成抢劫罪一般没有财产数额的限制，只要是以抢劫财物为目的，对被害人实施了暴力、胁迫或者其他方法，即构成抢劫罪。

图 说

　　小作者细腻地刻画出生活中遇到的一个极端场景——在超市中遇到犯罪分子在打劫。虽然画面表现的是罪犯胁迫的情形，而没有与坏人做斗争的具体情节，但是却有力地提醒我们每个人，在面对违法情况时，都有义务进行正义的斗争。号召每个有良知的公民都应该遵守、维护社会公共秩序。

《 "小霸王" 的教训》

作者：睢城小学　柴皓文　辅导教师：张春梅

　　帮助青少年学生树立正确的是非观和金钱观是防止青少年抢劫犯罪的一个关键环节。青少年的阅历浅，人生观、世界观和价值观还没有完全成型，接受模仿能力强，缺乏明辨是非的能力和必要的法律意识、法制观念。在生活条件尚不稳定的环境下，有的青少年好逸恶劳，追求享受，终日游手好闲；有的道德法制观念淡薄，不遵守公共道德，不懂法，也不学法，导致黑白是非不分，美丑善恶颠倒，甚至价值观扭曲。只有切实提高青少年自身修养，引导青少年树立正确的金钱观，加强青少年的道德教育、理想教育、爱国主义教育和社会主义教育，让他们树立自尊、自律、自强意识，才能进一步提高辨别是非的能力和自我保护的能力。

图　说

　　号称"小霸王"的高年级同学仗着自己身高优势，威逼恐吓低年级小同学，向低年级同学索要财物，造成极坏影响。我们决不能学习他，要坚决抵制这种歪风邪气，同学间要团结友爱，互相帮助，互相尊重，要做品学兼优、积极向上的好学生。

《这不是大侠》

作者：实验小学　许芮鸣　　辅导教师：韩　华

在半路上被人抢劫了怎么办?

①遇到抢劫时要保持冷静,视当时环境,勇于与犯罪分子周旋,对犯罪分子晓之以理。但要记住是智斗,不要武斗,以防犯罪分子采取暴力手段或者其他过激行为。如果对方接受你的劝告,你就应该及时离开现场,以免犯罪分子改变主意。

②当说理没有奏效时,或者犯罪分子将采取过激行为时,可以大声呼喊,引起周围过路人的注意,求得周围人的支持救助。犯罪分子毕竟是做贼心虚,害怕正义力量。在生命和财产面临选择时,应以生命为重要。建议大家只有在生命受到威胁的时候才选择暴力反抗。记住绝大多数抢劫者只是图财,而不是害命。千万不要拉住欲跑的犯罪分子不放,这样容易使歹徒狗急跳墙,持刀伤人。

③要尽可能地记住犯罪分子的体貌特征、衣着特征、言语特征以及逃跑方向等,要在第一时间报警,为破案提供证据。

④要加强自我防护,提高防范意识。如外出时尽量少携带现金;未成年人夜晚尽量不外出,夜晚办事时要结伴而行;打车时要乘坐正规出租车,不打黑车等。

图 说

在一条无人的小巷里,一位穿着时尚的年轻女子,戴着金银珠宝首饰,拿着名牌手机,刚刚停好汽车,就遇到了一个"蒙面大侠",一手拿刀一手拿枪,好恐怖啊!他不是大侠,他是抢劫的。

第二章

鸡鸣狗盗不可取

《往哪里跑》

作者：城西小学　钦琦伦　辅导教师：顾梓琳

·014·

如此朋友

　　刚满16周岁的王婉与张某是一对好姐妹，却因一条项链造成二人友谊破裂。2010年6月的一天傍晚，王婉乘坐张某的轿车至睢宁县某单位办事，张某下车后，王婉独自一人留在车中等候。无意中她看到张某包中的金项链，一时起了贪念，随手将项链揣在了自己包里。当夜正当王婉坐立不安时，被警察抓获。

　　2010年8月25日，法院以盗窃罪判处王婉有期徒刑一年，缓刑两年。

┃图　说┃ ///

　　作者在我们较熟悉的场景下来刻画这样一个案例。两位抢匪进入民居，抢劫弱者，但他们又能跑多远呢？警察已经在门口等着他们了！画面充实、饱满，注重细节刻画。

《平安小区》

作者: 城西小学　　刘义凡　　辅导教师: 李亚凡

少年大盗

2008年12月一天夜里，17岁的赵强与几个朋友"考察"之后，驾驶租赁的轿车到自己所居住的小区，用事先准备好的铁丝捅开停放在该小区的一辆厢式货车车锁，盗走车上的洋河系列、五粮醇等白酒，经鉴定，被盗白酒价值1.4万余元。

2010年11月18日，赵强因盗窃罪被法院判处有期徒刑一年零六个月，并处罚金人民币5000元。

图 说

一个小女孩在指挥着一群可爱的孩子们唱歌，体现了小作者强烈的色彩意识，把生活中的事用彩笔跃然纸上，表现了对平安小区和美好生活的热爱和向往。

《甜甜的香蕉不能摘》

作者：实验小学　　邢子文　　辅导教师：翟灵志

　　两则案例反映了当今青少年盗窃罪的主要特点：一是熟人作案；二是团伙作案。他们普遍存在侥幸心理，以为熟人作案一旦被发现容易处理，其实他们的想法大错特错。首先，如果案件没及时告破，就会助长他们的这种侥幸心理，他们很大程度上就会变本加厉，在罪恶的深渊越滑越远，越陷越深，一旦案发，那以前的所有盗窃财物都要累加，将会受到更重的惩罚，到那时，失去的就不仅是人与人之间美好的感情，还有金钱与自由；再说团伙盗窃，由于青少年的年龄决定了他们有冲动攀比的一面，在作案的过程中更容易互相逞能，胆子也会变得更大，甚至在遇到被人发现的时候引发更大的人身伤害案件，从而让自己在罪恶的道路上迷失得更远。而且团伙盗窃的数额不是自己最终所分得的数额，而是自己参与盗窃的总数额。还有犯有盗窃罪的青少年也许认为自己是未成年人，即使被抓住了也不会承担多大的法律责任，大不了家长赔钱了事，其实在我们国家只要你年满16周岁，具有刑事责任能力，只要触犯了刑法，就要受到法律的惩罚。王婉和赵强等人最后的处理结果就是对我们最好的警示。我们每个人都应记住，千万不要乱伸手，因为伸手必被捉！

图　说

　　这是一幅表现在海南岛旅游途中的情景，一棵棵香蕉树上挂满了硕大的金灿灿的香蕉，甜甜的香蕉不能摘，表现了小作者美好的情操。画面人物惊喜的仰头观望，憨态可掬。表情生动形象而又刻画得细致入微。画面水墨味十足，充满了浓郁的海南风情，也体现了小作者对美丽海南的喜爱之情。

《非己财物莫伸手》

作者：实验小学　王馨悦　　辅导教师：艾　茹

　　案例中的王婉赵强等人的行为让我们扼腕痛惜，如何避免重蹈覆辙？值得我们每一位年轻人思考。古语说："君子爱财，取之有道。"财产在我们的生活中固然重要，但财产却远远不是生活的全部，生活中有比财产更为重要的东西，如名誉、友谊、亲情、自由、尊严、生命等。上述案例也告诫我们平时一定要加强学习，提高自身的修养，增强自己辨别是非的能力，树立远大的理想，谨慎交友，时刻记住不属于自己的东西，再好都不能拿！要增强自己的法律意识，防微杜渐，不该做的事情坚决不做。否则，我们也会像王婉和赵强等人一样，想不劳而获，结果不仅是一无所获，还让自己的人生增加了污点，甚至失去了人身自由。幸福的生活人人想要，但一定要通过自己的勤奋努力、诚实劳动去获取！任何时候我们都应该是金钱的主人，而不是金钱的奴隶！

图　说

　　有一位时髦的女士，挎着小包在逛街，包里有手机和钱包，一个女小偷看见了，尾随着她，从她的后面伸手去她的包里偷她的东西。这时被巡逻的警察发现了，他们迅速地去擒拿女小偷。从小父母老师就告诉我们，不是自己的东西不要拿，做个有素质、诚实的好孩子。

《拷上》

作者：城西小学　郑鑫楠　　辅导教师：李亚凡

大人不在家，有小偷光顾怎么办？

遇到这种情况，我们要善于运用自己的智慧，既要让小偷绳之以法，也要尽量避免自己的人身和财产受到不必要的损害。可以采取下列步骤：

①应沉着冷静，躲避起来，不让小偷发现你的存在，如此时小偷发现你，可能会对你实施暴力行为。

②迅速、及时用手机或电话把情况告诉父母、近亲属、朋友、同学或者直接拨打"110"报警。

③不管小偷怎么翻家里东西，你都不要站出来与小偷搏斗，以免遭受人身伤害。

④要暗中观察小偷的一举一动，包括其相貌、衣着、口音以及身上佩戴的器具等，准确向公安机关反映案发情况，便于及时破案，抓获小偷。

⑤如果小偷发现你，请一定要冷静，用智慧与小偷周旋，切记不要激怒小偷，以保证生命安全为第一原则。

图 说

整幅画主次分明，画面清晰，在艺术的处理方法上采取了水彩蜡笔的混用，使画面生动有趣，重点突出，颜色鲜艳醒目，表达出了抓住小偷后的喜悦。

第三章

抗蒙拐骗要预防

《天网恢恢》

作者：城西小学　张　冉　辅导教师：李亚凡

自做"诱饵"骗婚 不劳而获入刑

云南女孩孙文眉目清秀，17岁的她已出落得亭亭玉立，而这却成了她骗人的资本。2010年8月，孙文与朱某、黄某（二人为成年人，均已判刑）共谋，于8月下旬的一天，三人来到安徽省泗县一宾馆住下，经朱某联系，他们以介绍婚姻为名，将村民许某骗至泗县。之后，黄某冒充孙文的亲属，以将孙文介绍给许某之子为妻，要求男方支付养老费为由，骗取许某现金2.3万元。

2011年12月29日，孙文因诈骗罪被法院判处有期徒刑一年零三个月，并处罚金人民币4000元。

图 说

作为祖国的未来，我们要以辛勤劳动为荣，以好逸恶劳为耻，天网恢恢，小偷难逃。作品颜色上变化丰富层次分明，更好地突出了主题。

《被骗的爱心》

作者：实验小学　朱永志　　辅导教师：沈　培

案例分析

　　云南女孩孙文与朱某、黄某利用农村大龄青年结婚心切的心理，寻找作案对象。他们先是事前约定，由女方无条件答应和男方谈对象，取得男方信任后，再索要财物，实施了以非法占有为目的，采取虚构事实、隐瞒真相与他人结婚的手段，骗取他人财物，数额较大，孙文已满16周岁，达到刑事责任年龄，具有刑事责任能力，其行为构成诈骗罪。

┃ 图　说 ┃

　　一个身体健全的年轻人，为了得到钱财骗取路人的同情心，将自己的另一条完好无损的腿掩盖在井盖下，这种行为是要遭到别人的唾弃的。

骗钱骗婚骗自己

九岁 张新婧 画

《骗钱骗婚骗自己》

作者：城西小学　张新婧　辅导教师：硕梓琳

　　首先要明白，金钱很重要，但不是最重要的，还有很多东西比金钱还重要，如对祖国的忠心、对父母的孝心、对他人的关心。金钱是财富，但是如果不是合法取得就会走入歧途。

　　现在骗子的花招层出不穷，在和对方交往时，多了解对方的基本信息。在了解阶段，不要轻易送贵重礼物给对方，交往时涉及钱财物品要保持高度警惕，加强防范，多核实查证，多与周围亲戚朋友进行交流，如若被骗，要保存好相关证据材料，并把材料以书面形式交至地方公安局，协助公安机关调查取证。

　　青少年学生要通过科学知识的学习，正确地对待金钱，合理地利用金钱。对于金钱，要取之有道，通过合法手段取得。诚实劳动和合法经营致富，是受国家法律保护的，是光荣的；不义之财终被夺，靠非法手段攫取钱财，绝没有好下场。金钱必须靠诚实的劳动换取，任何歪门邪道的钱都不能要。对于金钱，还要用之有益，用之有度，要把钱用到最需要的地方，用于做有意义的事。

图　说

　　画面由近景、远景组成，将漂亮的新娘放在画面的前方，凸显美丽的同时也揭露了丑陋的一面。

《千手骗钱》

作者: 实验小学　钦海洋　辅导教师: 高赛楠

生活中常见的诈骗有哪些?

①电信诈骗。作案者冒充电信局、公安局等单位工作人员，以受害人电话欠费、被他人盗用身份涉嫌经济犯罪，以没收受害人所有银行存款进行恫吓威胁，骗取受害人汇转资金。

②信用卡诈骗。使用伪造的、作废的、冒用他人的信用卡进行诈骗，以及恶意透支行为。

③网络购物诈骗。伪造网络购物网站页面，诱使被害人向其账户汇款转账，或直接套取银行卡密码。

④招工诈骗。犯罪嫌疑人事先在闹市区租房，挂出公司牌子，以招聘为名诱事主上当后，以要交纳服装费等为名收取钱财，几天内全部撤离。

图 说

小女孩，长得非常的漂亮，于是，她就用自己的美色去骗取男士的钱财，好像身上长满了手，到处去骗钱。许多男士还非常高兴的把钱财送到她的手中。

《小心，上当！》

作者：城西小学　薛李嘉　　辅导教师：高方圆

⑤"碰瓷"诈骗。以制造交通事故（工伤事故等）私了为由诈骗事主钱财犯罪。团伙成员中一人自残（骨折或断指/趾）或被其他成员伤残，后故意制造交通事故（或工伤事故等），处理时不肯报警，其他成员以路人或亲戚身份因该自残伤情提出私了从而诈骗事主钱物。

⑥迷信诈骗。选择对象为中老年妇女，犯罪嫌疑人甲以寻找"神医"（或"外地名医"、"老中医"、"算命先生"、"教授"）等与受害人搭讪，或称自己家中有人患急病求医，后出现乙犯自称认识此神医，并为受害人与甲带路，在途中甲了解受害人家庭成员、性别、年龄等基本情况，乙犯随即用手机或短信方式将被害人情况告之丙犯，到预定地点（一般在小区单元楼道下，不进屋），丙犯假冒神医孙子（或孙女）出现，并对受害人称其子女近期有灾并准确说出受害人家庭的真实情况，使受害人于惊恐间消灾心切而不及思考引其上钩，有时也以同样方式说甲家有灾，并由甲关切地问及消灾办法，说动受害人回家取来钱或金饰品，并以天机不可泄露为由告知受害人不能向其他人说明，财物到手后犯罪嫌疑人用调包的手段将钱骗走，或以买其他供品（一般为米、苹果、鱼等）为由将受害人支开后即逃离。

| 图 说 |

这幅画画的是电脑上诈骗，电脑中伸出一个中大奖的牌子，电脑主人的一只脚伸到了井里，画面采用渲染的绘画方法，并适当点缀背景图案。

第四章

《校内外都友爱》

作者：县二小　　刘雅静　　辅导教师：李奉元

"哥们义气"害人害己

　　将满18岁的苏乾有着一群"好哥们"，成日里吃吃喝喝聚在一起。2008年6月的一天，苏乾的一个"哥们"在旅馆里打牌时大声喧哗，被隔壁朱某制止。苏乾听说此事后，觉得"太窝囊"，表示要替"哥们"出气。于是纠集小虎等五人，携带两把砍刀，于次日上午来到该旅馆直奔朱某房间，持刀将朱某头部、胸部砍伤。

　　2010年3月2日，苏乾因犯故意伤害罪被法院判处有期徒刑八个月。

图　说

　　小作者描绘了放学后，学生们手拉手向老师告别，高高兴兴回家的场面。通过这幅画告诉同学们不管是在校内还是校外都要相互关爱。要自觉遵守各项法律，要学会宽容，要学会换位思考，要把精力投入到学习中去。

《酒之祸》

作者：睢城小学　　王柏皓　　辅导教师：张春梅

案例二

一只台球引发的血案

许耀是某县中学一名16岁的初中生，平日不思进取，爱惹是生非。2010年2月的一天，许耀等人在某镇的一家台球室和朋友薛某打球，因薛某打错了一个球，二人发生争执、厮打。厮打中，许耀持尖刀刺向薛某，致薛某脾脏、肝脏破裂大出血死亡。惊恐的许耀再后悔也无法让薛某复活。

2010年6月12日，许耀因故意伤害罪被判处有期徒刑十三年。

▌图　说▌

一群狐朋狗友整天混在一起，海吃海喝，无所事事，最终因哥们义气、侠义之气，醉酒打群架而酿成悲剧，并受到了严厉的惩罚。我们中小学生不能学他们，要积极进取，为社会多做一些有意义的事情。

《台球室的血案》

作者：睢城小学　　周静怡　　辅导教师：吕艳梅

年满14周岁不满18周岁的未成年人被犯罪心理学家称为"危险年龄"段，其危险性源于他们的情感具有极端不稳定性和强烈好胜心，容易偏激，冲动起来不计后果。这也是未成年人中激情犯罪较多的原因。

案例1中，苏某听说一个"哥们"在旅馆里打牌时大声喧哗，被隔壁朱某制止，便觉得"太窝囊"，要替"哥们"出口气。就纠集多人，携带砍刀将朱某砍成轻伤。苏某逞强好胜、头脑简单，分辨是非能力差，其犯罪动机盲目、模糊，只为显示自己，证明自己，不计后果。苏某故意砍伤朱某身体构成轻伤，行为构成故意伤害罪，应在三年以下有期徒刑、拘役或者管制范围内量刑，同时根据我国刑法规定：已满14周岁不满18周岁的人犯罪，应当从轻或者减轻处罚。本案中苏某未满18周岁，故被法院判处有期徒刑八个月。

案例2中，许某与薛某仅仅为了一个台球便大打出手，结果薛某被许某用尖刀刺死，行为构成故意伤害罪，应在十年以上有期徒刑、无期徒刑或者死刑范围内量刑。但由于许某未满18周岁，应当从轻或者减轻处罚，故被法院判处有期徒刑十三年。

图 说

在文明美丽的城市里，两个少年因为打台球起争执而造成了流血事件真是害人害己啊！我们要学会包容、学会相让，不能因为一时冲动而做出终身后悔的事，最终也逃不了法律的制裁。

《酒后生事　害人害己》

作者：睢城小学　韩尧宇　辅导教师：彭　淼

关于"打架"问题

　　打架是故意伤害的重要表现形式，也是中学生中的常见现象。争强好胜、哥们义气、感情问题，甚至于看他人不顺眼都可能成为打架的理由。未成年人打架往往只顾眼前痛快，认为打架是解决问题的好方法。殊不知打架的危害极大，打架者往往两败俱伤，除了身体的伤痛外，有可能还会受到法律的严惩。希望我们未成年人在生活学习中遇到问题不要意气用事，应该考虑后果，不要采用过激行为，以免酿成让自己悔恨终生的悲剧后果。

图　说

　　因为喝酒而导致的打架真是害人害己啊。他们这种不考虑后果，故意伤害他人的行为，真是让人气愤，我们一定要远离烟酒，严格控制自己，成为遵法守纪的小公民。

《不让座就要被打》

作者：睢城小学　刘文卓　辅导教师：王利梅

为你支招

我们应该怎样预防青少年激情犯罪呢?

首先，青少年要学会控制好自己的情绪，提高个性修养。处于青春期的青少年，经常会出现一些喜怒无常的情感波动，此时如果不调整和控制好自己的情绪，那么，冲动的时候做事情不分青红皂白也不考虑后果，走向犯罪是很容易的。在怒气刚产生时，最好的办法就是强迫自己沉默，不要说话，这样有助于冷静思考；同时，怒火中烧时，要学会考虑事情的后果，即先考虑一下自己的行为可能带来的危害，自己这样解决问题的方式是否可取，这样有助于把自己从愤怒中拉回来，使头脑较为冷静，较为机智，避免做出后悔莫及的事情。

其次，学会应用自己的意志力，释放自己的愤怒情绪，控制不良情绪的产生。在激情即将发作时，要学会延长激情的发作时间，转移自身的注意力。或者合理宣泄情绪，使情绪得到缓解，防止因一时冲动而做出违法犯罪的事情。

图 说

小朋友们千万不要向他们学习，你们要做一个懂礼貌，讲文明的好学生，文明乘车，礼貌让座。

第五章

明辨是非勿言he

《莫学失足的少年》

作者：城西小学　周　远　辅导教师：高方圆

都是"英雄"惹的祸

　　17岁的张瑞、16岁的崔木和20岁的王泽通过上网结识。一天，迷恋网络的他们说起自己无钱给各自游戏中的"人物英雄"更新装备，合计之后决定到网吧向别人索要账号。

　　2007年8月的一天凌晨，三人带上砍刀来到了王集镇某网吧，向正在玩游戏的王某索要账号和密码，三人将王某拖出网吧并挟持至街头无人处恐吓、殴打并用砍刀击打王某背部，索要无果后，三人又向王某索要现金300元。后王某报警，三人被抓获归案。

　　2010年7月20日，法院以寻衅滋事罪分别判处王泽有期徒刑九个月，张瑞有期徒刑六个月，崔木有期徒刑六个月。

图 说

　　这幅画画的是一个失足少年拦路抢劫的片段，特别是在放学回家的路上，有的学生拦路恐吓弱小学生，索要钱物等。

《逞强》

作者：县职小　朱慧敏　辅导教师：刘秀丽

喜欢刺激的小海

已上初中的小海喜欢寻求刺激，手头并不宽裕的他决定模仿电视里"老大"的样子"收些保护费"。2010年3月至6月间，小海经常单独或纠集几个比自己小些的"弟兄"在睢宁县某学校、菜市场、网吧门口等地，多次无故对学生进行殴打并强行索取财物。

2011年1月15日，小海因寻衅滋事罪被法院判处有期徒刑一年零十个月。

图 说

每个人都有性格、脾气，但是无论脾气大小，都应该遵守社会秩序和公德。有时候按捺不住自己情绪，冲动后做出荒唐的甚至终生后悔的行为。社会中曾经流传过"冲动是魔鬼"，看来一点也不错。小朋友们，以后在你们成长的每一过程中，都要学会克制自己的情绪，尤其不能斗狠逞强。

《警察叔叔辛苦了》

作者：城西小学　　沈煜成　　辅导教师：李亚凡

案 例 分 析

　　这是两起典型的寻衅滋事案，在现实生活中时有发生。青少年的违法犯罪不仅危害社会安定，而且给家庭造成巨大创伤，更重要的是影响其自身的健康成长。据统计，我国青少年犯罪总数已经占到全国刑事犯罪案件总数的70%以上，其中十五六岁的未成年人犯罪案件占到青少年犯罪案件总数的70%以上。"青少年犯罪"在世界范围内被列为吸毒、贩毒，环境污染之后的第三大公害。我国未成年人犯罪也在向低龄化、团伙化、恶性化的方向发展而且呈现逐年增多的趋势。

图　说

　　整幅画层次清晰，小画家用画来表达热爱美好生活，争做学法遵法守法的好少年，为辛苦的警察叔叔献花的真挚情感。

《 "老大" 的末日 》

作者：实验小学　　陈宝儿　　辅导教师：玉　珺

青少年时期处于人生从幼稚走向成熟的敏感阶段，部分青少年在此过程中没有形成健全的人格，很容易走向歧途。由于年轻人争强好胜，在违法犯罪的过程中带有很大的疯狂性，他们的犯罪动机往往比较简单，目的单一，随意性强。他们没有事前的精心策划和周密部署，常常是因为某种因素的刺激，或一时的感情冲动而突然犯罪。比如案例中的张瑞、崔木和王泽仅是因为无钱为自己购买游戏装备而实施犯罪行为。还有的青少年犯罪动机往往是出于对照模仿，比如模仿电视、电影中的某个镜头或情节，显示自我"天不怕，地不怕"的"英雄"形象，如小海就是想当"老大"，收保护费，显威风。两个寻衅滋事案例的共同特点就是他们在实施犯罪时，实施肆意挑衅，随意殴打、骚扰他人，任意损毁、占用他人财物，严重破坏社会秩序的行为，构成寻衅滋事罪。

图 说

一群穿着黑色风衣的小兄弟簇拥着"大哥"，手里还拿着大刀、砍斧，颇有电影中黑社会"老大"出场的架势，其实生活哪里是电影呢？不远处警察早就准备好手铐等着他们了，原来他们这些人打打杀杀的闹得鸡犬不宁，警察早就注意到他们了，现在就来抓捕他们了。"老大"再也做不了了，等着他们的将是冰冷的铁窗生活。

《入"戏"太深》

作者：实验小学　　刘洪瑞　　辅导教师：曹　萍

行为指导

　　许多青少年之所以会犯寻衅滋事罪，很重要的原因在于这个阶段的青少年或多或少地存在逆反心理，在校的学生容易厌学，于是就会通过逃学、打架等方式表达自己精神的空虚，通过这些行为来寻求精神刺激，这也是寻衅滋事罪行为人的典型心理；那些进入社会的青少年由于经常无所事事，面对城市生活的灯红酒绿又身无分文，他们就更容易走上违法犯罪的道路，而且寻衅滋事罪表现的形态大部分都是团伙作案。这些特点告诫我们要远离此类犯罪，一定要自觉接受家庭、学校和社会的教育，树立正确的人生观和价值观，明辨是非，严于律己；培养正当的兴趣爱好，让自己的生活丰富多彩，让自己的生活过得充实；要认真学法，充分认识到触犯法律就必然要承担法律责任，明确违法的严重后果，对法律怀有敬畏之心；谨慎交友，乐交净友，不交损友。否则，我们肆意践踏他人的权利，也必将害人害己，失去自己的权利和自由！

图　说

　　大哥哥自从看了《古惑仔》这部电影以后，天天吵着要像里面的"老大"一样耍威风，他说这就是他追求的"英雄形象"，你看他拿着刀多可怕啊！伤人性命，难道真的是英雄所为吗？警察叔叔说这样做可不好，这叫盲目崇拜，害人害己。

第六章

君子动口不动手

《好孩子不打架》

作者：县二小　　陈佳慧　　辅导教师：徐秀芝

两任男友的"决斗"

2012年3月的一天晚上，被告人熊恩玉在睢宁县某广场偶遇前女友及其男友孙行，双方发生争执并厮打，二人分别纠集人员准备打斗。经劝阻，孙行放弃斗殴，离开广场到一亲戚家。谁知熊恩玉不依不饶，带领人员携带电工刀、菜刀等工具找到孙行亲戚家，再次与孙行发生争执并引起斗殴。未成年人周跃、王杉、杨冬、李智、王琥等人被双方纠集均参与斗殴。

2012年9月6日，法院以聚众斗殴罪对他们分别判刑：

孙行被判处有期徒刑二年零六个月；

熊恩玉被判处有期徒刑三年；

周跃被判处有期徒刑二年零三个月；

王杉被判处有期徒刑一年零六个月，缓刑三年；

杨冬被判处有期徒刑一年零六个月，缓刑三年；

李智被判处有期徒刑一年，缓刑二年；

王琥被判处有期徒刑一年，缓刑二年。

参与斗殴不仅没有帮助自己的朋友赢得女友的芳心，还将自己送进了牢房。

图 说

两个学生因为一些琐事矛盾打起架来，少先队员看见了赶紧进行劝阻。我想通过我的这幅作品告诉其他同学不要因为一时的冲动，做出失去理智的事！不然会后悔终生的！

《聚众斗殴危害大》

作者：睢宁县二小　　张晓慧　　辅导教师：玉　蕾

如此"言传身教"

张伟、刘某（已被判刑）、吕涛、孔宇同为17岁血气方刚的少年，处处争强好斗。2010年10月11日，小可因琐事与睢宁县城某中学学生仝某发生冲突，后叫来张伟等三人为自己撑腰。打斗中，刘某觉得自己一方占下风，于是带张伟等人回家拿出砍刀，并与对方约定当晚在该县某医院门口互殴。晚上，刘某将此事电话告知其父（已被判刑），哪知其父听后不但不制止，反而立即驾车携刀赶至现场，唆使刘某、张伟等人持刀与对方斗殴，致对方两人不同程度受伤。

2011年11月30日，法院以聚众斗殴罪分别判处张伟有期徒刑二年；判处吕涛有期徒刑一年又八个月；判处孔宇有期徒刑一年又八个月。

图　说

聚众斗殴是很危险的事情，会让很多人受伤甚至失去生命。如果发生这样的事情希望警察叔叔能及时出面制止，让我们在安定团结的环境下幸福地生活。作者把自己对聚众斗殴的理解融入自己的创作，从孩子的角度反映出对安定和谐的美好向往。

《相亲相爱的一家人》

作者：睢宁县职小　　许　诺　　辅导教师：曹小芳

聚众斗殴罪是指为了报复他人、争霸一方或者其他不正当目的，纠集众人成帮结伙地互相进行殴斗，破坏公共秩序的行为。聚众斗殴的，对首要分子和其他积极参加者追究刑事责任。本案中的被告人熊恩玉、孙行纠集人员参与斗殴，属于起到组织领导作用的首要分子，周跃、王杉、杨冬、李智、王琥等人携带电工刀、菜刀等工具参与斗殴，在案件中起到重要作用，属于积极参加者，应在三年以下有期徒刑、拘役或者管制范围内量刑。

图 说

快乐的大雨伞下，小朋友们快乐地躲雨，这样的画面多么的和谐，生活本应该就是这样的啊，以和为贵，相亲相爱，小作者用美好的想象力画出了一把为大家撑起幸福的大伞，在这把伞下，大家团结的像一家人，互相关心，互相爱护，同时也表达出在法律的大伞下，我们才会有和谐美好的生活。

《有趣的游戏》

作者：睢宁县职小　　邱子涵　　辅导教师：马　路

　　我们要自觉遵守各项法律、法规及社会公共道德规范，这是每一个公民的义务，更是同学们在自我防范违法犯罪中的法定义务和责任。

　　在日常生活中，不要处处计较，要学会心胸开阔，宽容；情绪激动时，应抑制自己说话，先平复好心情，再作出决定，不能冲动，做事要三思而行，不要让一时的冲动误了自己，平和地与人相处，会使自己更有魅力，活得更加开心。

　　要学会换位思考，如果没有涉及原则问题的话，应该退一步海阔天空。要把精力投入到学习中去，加强自身修养；加强法律知识学习，增强法律意识；提高应对挫折的心理承受能力，避免各种刺激因素，多与家人、朋友倾诉、沟通。

图　说

小伙伴们在一起玩着有趣的游戏，他们相互关爱，相互帮助，快乐生活，共同成长。

第七章

交通法规记心中

《交通法规记心中》

作者：睢宁县职小　　许子沿　　辅导教师：马　路

车祸猛于虎

　　还差一周就满18周岁的陈军认为自己马上就是成年人了，觉得自己可以像大人一样驾驶摩托车。2009年12月的一天傍晚，赶路回家的行人很多，陈军无证驾驶无号牌两轮摩托车，自南向北高速行驶，当行至睢宁县梁集街十字路口处，因刹车不及撞上正在过马路的赢某，致其颅脑损伤死亡。

　　2010年3月26日，陈军因交通肇事罪被法院判处有期徒刑一年，缓刑二年。

图　说

　　作为一名文明的小学生，我们应从小认真学习交通安全法规和交通安全知识，并遵守交通法规，做到对他人负责，对自己负责。

《交通肇事逃逸真可耻》

作者：实验小学　汪嘉欣　辅导老师：王　珺

车祸逃逸　错上加错

　　17岁的白翔总觉得开轿车是有面子的事，无奈尚未成年，不能参加驾照考试。白翔为了过车瘾，于2012年5月18日晚，无证驾驶私家轿车上路兜风，正在洋洋自得驾车经过路口时，因观察注意不够，撞到了站在路边等待过路的行人徐某等三人，致使三人不同程度受伤，其中一人为重伤。白翔惊慌失措，驾车逃逸。经鉴定，白翔负事故全部责任。

　　2012年12月5日，被告人白翔犯交通肇事罪被法院判处有期徒刑二年，缓刑三年。

图　说

　　马路上，一辆红色的小汽车横在路中间，正巧这时候路上没人，值班交警过来一看，一位伤者躺在血泊中生命垂危，可恶的肇事者早已逃之夭夭，造成伤者的伤势加重。没有驾照私自上路，只是为了自己过过开车瘾，出事了不懂救助处理，盲目逃窜，真是错上加错。

《酒后驾驶危险多》

作者：实验小学　梁婧辰　　辅导教师：艾　茹

交通肇事罪，是指违反道路交通管理法规，发生重大交通事故，致人重伤、死亡或者使公私财产遭受重大损失，依法被追究刑事责任的犯罪行为。上述案例中肇事者陈军、白翔行为均违反了"年满18岁取得驾驶证方可在路上驾驶机动车辆"的法规规定，造成了重伤、死亡严重后果，他们的行为均构成交通肇事罪。

对中小学生来说，导致车祸事故发生的主要原因是：（1）中小学生反应能力、判断能力和自我保护能力差；（2）缺乏交通安全常识，不清楚交通信号的含义和机动车辆的特性；（3）对交通环境、交通危险认知水平低，喜欢在公路上飙车、嬉戏寻求刺激，视交通法规为儿戏，极易发生交通事故。

图 说

酒后驾驶多危险啊，看这个叔叔就是喝酒出车祸了，夺走了好多人的生命。警察叔叔来了，处理了事故，还把肇事司机带走了，他以后再也开不了车。看！！喝酒开车坏事多吧！

《撞车了》

作者：实验小学　　玉可一　　辅导教师：瞿灵志

一、骑自行车要注意以下几点：

1. 在非机动车道内行驶。

2. 不准追逐和曲折竞驶。

3. 不要带人；为躲雨、避风而赶路急行。

4. 红灯停，绿灯行。没有信号灯的路口，让机动车先行。

二、乘坐机动车时注意事项：

1. 年龄不满18岁的学生不准驾驶摩托车。

2. 乘坐二轮摩托车必须戴安全头盔，不准打伞、侧坐、站立。

3. 乘坐汽车，不得将身体任何部分露出或伸出车外；不得向外抛洒东西。

4. 乘坐公共汽车时，不得嬉戏喧闹或有影响司机的行为；车未停稳，不能下车。

▌图　说▌

　　小作者用娴熟的水墨技巧，细致地画出交通事故可怕的后果。在看到忙碌的救护人员，惊恐的肇事者，扭曲的车子时，路边的绿树仿佛都是无奈和惋惜。让我们每个人都能直视撞车的惨状，来反思自己的行为吧！

《平安路上不酒驾》

作者：睢宁县职小　　许　诺　　辅导老师：曹小芳

三、碰到交通事故怎么办：

1.转移到路边安全位置，迅速报警，及时告知家长。

2.在交警来到之前，不要移动现场物品。

3.人员受伤时，拨打急救中心电话120。

4.记下肇事车辆的车牌号码及车身颜色、特征。

| 图　说 |

　　酒驾给无数的家庭带来了无法弥补的伤害，随着"开车不喝酒，喝酒不开车"的理念逐步深入生活，酒驾导致的悲剧也逐渐减少，但是仍有一些人存在侥幸心理，从而造成了无法挽回的局面。小作者的画描述了这样的一个悲情的瞬间，给我们深刻的警示，让我们时刻铭记：珍爱生命，远离酒驾。

第八章

自珍自重正品行

《姐姐，这些水果不要吃》

作者：五集小学　孙　雯　辅导教师：朱　永

案例一

被感情蒙蔽的花季

16岁的李宁在网上认识了同龄的黄某，谎称要与黄某恋爱结婚。2009年2月，李宁以办婚礼需要很多钱为由，先是将黄某哄骗到徐州一洗浴场所卖淫多次，后又唆使黄某到其他旅社继续卖淫，黄某不从，李宁便对其殴打辱骂，逼迫黄某在该旅社卖淫时间长达7月之久。之后，李宁又强迫黄某到南通等地多次卖淫。

2010年8月19日，法院以强迫卖淫罪判处李宁有期徒刑八年，并处罚金人民币3000元。

图 说 //

小伙伴们，你可能会遇到陌生人说："小朋友，你看这水果多诱人啊！肯定很好吃，你吃吧。"我告诉你们，千万别吃，你吃了就上当了。

《悔恨的泪珠》

作者：城西小学　　金子心　　辅导教师：高方圆

"大姐大"落网记

17岁的周青是学校中的"大姐大",不思进取却又好逸恶劳,不曾想却把罪恶之手伸向了一个无知的幼女孙某。2011年4月的一天,周青与他人共谋,谎称有人欲对其进行报复,需外出躲避为名,将孙某从家中骗至双沟镇一旅社内,持刀威胁,强迫孙某卖淫。

2012年5月17日,法院以强迫卖淫罪判处周青有期徒刑五年,并处罚金人民币3000元。

图 说

画中这个失足少年受到了法律的制裁,画面主题突出,简单大方,突出主题,告诫我们在纷繁复杂的大千世界中,一定要保持清醒的头脑,不要迷失方向。

《陌生人的东西我不要》

作者：实验小学　许芮鸣　　辅导教师：韩　华

　　案例1中的黄某因为认知能力低，分不清是与非、丑与美、善与恶，迷信网恋，才会被李某欺骗，最后被李某强迫卖淫。李某的行为触犯了我国刑法有关强迫卖淫罪的规定。强迫卖淫罪是指以暴力、胁迫或者其他手段，迫使他人卖淫的行为。刑法规定，犯本罪的，处五年以上十年以下有期徒刑，并处罚金。李某被法院以强迫卖淫罪判处有期徒刑八年，并处罚金人民币3000元。李某是罪有应得，黄某是受害者，但自身也有责任。现在有些女孩子自我保护意识薄弱，禁不住诱惑，上当受骗，懊悔一生。对于黄某的遭遇，真是哀其不幸、怒其不争。案例2中的周某，好逸恶劳，贪图享受，为了满足自己的私欲，强迫幼女孙某卖淫，最终受到法律的严惩。孙某身心造成的伤害永远难以抹去。在这里特别提醒女性青少年：当欲望得不到满足时，要学会用道德法律和自己的理智来控制自己，战胜诱惑，同时要慎重交友，拒绝不良交往。

图　说　//

　　这幅画我画的是一个陌生的叔叔拿糖果哄骗一个正在回家路上的小女孩。我想通过这幅画告诉和我一样大的小朋友放学回家的路上遇到陌生人哄骗，一定要保持冷静，不要随便跟陌生人走！

《叔叔有坏人》

作者：睢宁县二小　李宝运　辅导教师：李奉元

首先，要自尊自爱，自觉抵制各种不良的诱惑，慎重交友，拒绝不良交往。交往对青少年的成长起着不可忽视的作用，正当的社会交往对青少年起着积极的促进作用。反之，不良的交往会成为青少年实施越轨行为和犯罪行为的直接原因。不良交往往往是有劣迹、不轨行为或不良品行的青少年结合在一起进行不良的社会娱乐活动，他们逛街、下饭馆、抽烟喝酒、打牌跳舞、寻衅滋事、打架斗殴、追求低级趣味等等，危害很大。

其次，改掉不良生活习惯。这些坏习惯虽然不容易直接导致同学们违法犯罪，但是可以间接导致其他人对青少年致害引发的民事或刑事案件。同学们应当注意并改掉生活学习上如散漫、拖拉、起居无常、暴饮暴食、不讲卫生、打骂他人、损人利己、攀比吃穿、吃零食等不良习惯。

最后，树立正确的人生观、价值观。因为正确的人生观、价值观就好比一个指向标，引领着我们前进，引领着我们明辨是非。作为一名学生就要确立一种"学一行、爱一行、专一行"的学习目标或精神，就要培养一种积极向上的人生观，价值观。不管以后我们在哪个行业，只要我们的收入来源合法，家庭美满幸福，身体健健康康，内心充满了正义感，有责任，能担当，就是一个有价值的人，一个对社会有意义的人，就应该挺起腰杆子做人，活得自信起来。

图 说

我们不能接受坏人给的任何东西，拿了或吃了他的东西，坏人一定会让我们干坏事的，大家可不能上当受骗哦。还有我们遇见坏人一定要找警察，他们会帮助我们的。

第九章

对陌生人要说"不"

《送法学习车》

作者：刘圩小学　张　学　辅导教师：吴超华

误结"好友" 害人害己

　　14岁的宋琦结识了不良少年张某、刘某，二人走到哪里，他跟到哪里。2004年12月的一天，张某、刘某（二人已判刑）带着宋琦，以邀请吃饭为名，将李集镇某中学女生孙某某、郝某某带至县城一旅馆内，刘某、宋琦采取按手、按脚等手段，帮助张某将孙某某强奸。

　　2010年10月19日，法院以强奸罪判处宋琦有期徒刑四年又九个月。

图 说

　　在生活当中，有些不易被看穿的流氓、无赖、小人。警察叔叔将法律讲座送到了学校，我们只有多学法、多知法，学会用法律来保护自己，才能保护好我们的个人利益。

《三思而后行》

作者：五集小学　李紫研　　辅导教师：朱　永

施暴不得 亦是犯罪

　　17岁的张华初中毕业后一直在睢宁县城的一个玻璃厂打工。2010年7月初的一天凌晨，张华在自己租住的小房间内辗转反侧，产生奸淫住在楼下的女青年李某之念，遂赤身下楼，推门入室，爬到李某床上。不料李某当夜不在，躺在床上的是其父亲。李某父亲惊醒后将张华当场抓获并报案。张华虽未得手，亦是犯罪。

　　2010年8月26日，张华因犯强奸罪被判处有期徒刑一年又六个月，缓刑三年。

图　说　///

　　我的好伙伴们，你们可能会遇到像我画的这样的事情。陌生人的花言巧语你会怎么办呢？要三思而后行，不要上当哦！

《自食其果》

作者：五集小学　孙　雯　辅导教师：朱　永

　　案例1中的宋琦在张某唆使下，违背孙某某意志，采取暴力手段，帮助张某强行奸淫孙某某，与张某属共同犯罪，应以强奸罪处罚。

　　案例2中的张华出于奸淫目的，趁夜深人静之际，欲对李某实施强奸，因李某不在床上而没有实施完成，属强奸未遂。在对其以强奸罪论处的同时，量刑时可以从轻处罚。

图　说

　　夜深了，一个坏家伙拿着撬门的工具想入室干坏事，被警察叔叔捉住了。真是自食其果啊，一定是龌龊的思想在作怪！

《快乐伴我们成长》

作者：五集小学　　陈赫遥　　辅导教师：朱　永

遇到性侵害怎么办?

①保持冷静，善于智斗。根据当时具体环境，先和对方智斗，比如说这里不安全，我们换个地方吧，暂时把犯罪分子稳住，再寻求逃跑的机会。在转移地方过程中，可以和对方交流，讲些道理，看是否有效。最好不首先采取威胁和过激的行为，以免激怒对方实施暴力手段。

②寻求他人救助。当犯罪分子执意要对你侵害时，在表明自己态度无效的情况下，在人多的地方可以大声呼救，引起周围人的注意以获得他人的救助。性侵害者往往心虚，适时大声呼救是有效的自卫措施。

图 说

祖国妈妈用一颗伟大的爱心来关爱儿童。我们像小鸟一样快乐；像小树一样茁壮成长。好伙伴们，你们要做一个守法好公民啊！

《听警察叔叔讲法律》

作者：刘圩小学　刘艺蕊　　辅导教师：吴超华

③必要的防卫技巧。当你面对犯罪分子的性侵害，又确实无法逃脱时，可以实施一定的自护自救行为。如：采取抓土或沙子迷犯罪分子的眼；猛踩犯罪分子的脚背；猛踢犯罪分子的下体等手段，此时，这些行为都是正当防卫。注意我国刑法赋予广大公民正当防卫的权利，正当防卫造成犯罪分子伤害时，不负刑事责任。

④事发后或者条件允许的情况下，应及时报案。应将犯罪分子详细情况反映给报案机关，以便于案件迅速及时侦破。

⑤提高自我保护意识，平时注意自己的言行举止、穿着打扮；不与不良人员交往、不单独和陌生人接触；不私自外出、离家出走、夜不归宿，不给犯罪分子可乘之机。

青少年正处在发育时期，对周围的一切都充满好奇。然而这个年龄段对社会的复杂面，对真善美丑缺乏正确的分辨，极易受到不良气息的感染。因此青少年在保证自己不触犯法律的同时，要增强明辨是非的能力，对违法行为大声说"不"，当受到不法侵害时要及时报警。

图 说

警察叔叔到了我们学校，告诫我们，在平时的生活中，我们不要与陌生人讲话，不私自外出，不夜不归宿，不进出网吧、游戏厅等娱乐场所，要注意讲究仪表、言语，多讲文明话，多做文明事，要学会用法律武器保护自己，不给坏人有可乘之机。

《理发店内的淫手》

作者：县职小　　李子缘　　辅导教师：马　路

理发店内的施暴

21岁的王飞在睢宁县姚集镇开了一家理发店，未成年的魏达、赵新经常逛店，三人逐渐熟识。2010年4月30日晚，三人经计议后，将在隔壁上网的女孩周某骗至理发店中。王飞关掉电灯，放大音响，赵新将店门反锁。之后，魏达、赵新强行将周某抱至店内长椅上，摸其乳房。

2010年12月10日，被告人王飞因强制猥亵妇女罪被判处有期徒刑五年；魏达、赵新均因强制猥亵妇女罪被判处有期徒刑三年，缓刑四年。

图　说

小作者运用蓝色、紫色等深色调生动地营造出令人恐惧的罪恶气氛，一个花季少女遭受无良少年的欺辱。稚嫩的造型形象表现出施暴者的残忍和受害者的无助。画面深刻地揭示出青少年的青春期教育问题，即我们如何引导青少年向善向上，又如何做到自我保护，让悲剧不再发生。

《并不安全的洗手间》

作者：县职小　许　诺　辅导教师：曹小芳

并不安全的洗手间

　　17岁的方龙初中毕业后无所事事，终日游荡于网吧之间。2010年7月的一天晚上，方龙在睢宁县城的某网吧上网时，一段黄色视频使他色心大起，于是起身尾随女青年冉某进到卫生间，采取暴力手段，对其进行猥亵。2010年11月9日，法院以强制猥亵妇女罪判处方龙有期徒刑一年又六个月，缓刑三年。

图　说

　　对于从学校流落到社会的问题青少年，社会对他们的教育俨然迫在眉睫，究竟采取什么样的教育措施，才能加强他们的法制意识、守法观念，避免触犯法律。这些都给个人、家庭、社会提出了全新的课题。

《偷拍不礼貌》

作者：实验小学　王仪　辅导教师：韩华

案例分析

强制猥亵、侮辱妇女罪是指以暴力、胁迫或者其他方法强制猥亵妇女或者侮辱妇女的行为，侵犯的是妇女的身体自由权和隐私权、名誉权，表现为以暴力、胁迫或者其他方法强制猥亵妇女或者侮辱妇女。案例1中魏达、赵新帮助王飞强行对被害人周某实施猥亵，属共同犯罪，行为均构成强制猥亵妇女罪。案例2中方龙采取捂嘴、语言威胁等暴力手段对冉某进行猥亵，其行为构成强制猥亵妇女罪。

从这两例犯罪案件来看，由于青少年的社会阅历浅，往往没有正确的是非观念，一旦进入不良的"小群体"，成员之间互相感染，会使其意志消沉，失去理智，偏离正确的人生价值取向，不良思想和行为就会造成恶性循环，这样最终走上违法犯罪的道路。有些人判断力较弱、自控能力较差、模仿能力强、情绪波动大，抵挡不住充斥着色情暴力的网络游戏、音像作品等方面的诱惑，沉溺其中，在不知不觉中，身心受到严重毒害，在无力满足其不良需求时，盲目地模仿某些犯罪情节，甚至实施犯罪行为，最终自我"毁灭"。

▌图　说▌//

在公交车上，一名年轻漂亮的女子正在看书，身后一名不良少年，头发长长的，还染了好多颜色，一看就是一个坏人，正在用手机偷偷地拍她，一点都不礼貌。

《罪恶》

作者：县职小　　许　诺　　辅导教师：曹小芳

遇到性骚扰时，应注意以下方面：

①态度要明确，坚决说"不"。当遇到性骚扰时，要把你的拒绝态度表示明确而坚定。言语上：直接说"不行"、"不好"、"走开"、"讨厌"；动作上：要果断干脆，摇头拒绝、眼睛直视；声调上：响亮、坚决。

②寻求亲友的帮助和支持。遭到性骚扰后，应该告诉自己的父母亲人、老师及其他信任的朋友，听取他们的看法和获得他们的支持。作为性骚扰的受害者，不要害羞担心自己的名誉，因为是他人侵害了你的人身权利，你本身没有过错；一味地忍让，只能助长侵害人的性骚扰气焰。

③通过法律途径保护。当你被骚扰严重影响到正常生活时，你可以拿起法律武器捍卫权利。受害人可以以名誉权受到侵害为由，向人民法院起诉，要求侵害人承担相应民事责任。诉诸法律时，要注意相关证据的收集，没有证据有可能你的权益得不到很好的法律保护。

④提高自己防护意识，注意自己的言行举止，要给人们留下正派的印象等。

图 说

当我们身处纷繁复杂的社会环境中，自我保护是每个孩子都要时刻重视的问题，尤其是女生。父母要做好监管，而我们的社会同时也应该利用一切可以利用的资源切实做好青少年教育工作。

第十章

《外出游玩要注意》

作者：实验小学　王英姿　辅导教师：鲁　敏

过失犯罪 悔不当初

　　17岁的秦勇在工地上打工，负责驾驶挖掘机。2011年2月24日，秦勇驾驶一辆黄色大型挖掘机在睢宁县城中心公路上施工，因倒车时观察注意不够，挖掘机右侧履带将站在车后的张某轧倒，致张某胸腹部损伤，经抢救无效死亡。秦勇主动到公安机关投案，但再真心的悔过也无法换回鲜活的生命。

　　2011年4月25日，秦勇因过失致人死亡罪，被法院判处有期徒刑一年又六个月，缓刑二年。

| 图　说 |

　　外面的景色真好啊！可是作为小朋友，我们不能在没有大人的情况下去野外玩耍，这样是非常危险的。

《挖掘机下的冤魂》

作者：沙集小学　李秋霞　辅导教师：王维宝

本案中秦勇在驾驶挖掘机的过程中，因倒车时观察注意不够，挖掘机右侧履带将站在车后的张某轧倒，致张某胸腹损伤，经抢救无效死亡，这是疏忽大意导致的过失致人死亡罪。青少年的身心发展特点决定了在很多时候容易犯粗心大意的毛病，而且有时候不能客观地看待自己，容易过高地评价自己，这也会造成在从事某些特殊活动的时候有可能给他人带来难以预料的伤害，虽然损坏的结果不是大家的本意，但做出这种行为的人同样可能要承担一定的法律责任。因为过失致人死亡罪的法律责任同样只要是年满16周岁具有刑事责任能力就要承担。

图 说

安全从来都是检验一个社会良知的镜子。在这幅触目惊心的作品面前，安全的警钟再次敲响，不管是什么原因，一个鲜活的生命倒在挖掘机下，消逝于这个美丽的世界。留给一个家庭无尽的哀痛。对于事故肇事一方也许是终身的悔恨。也许我们每个人都应该时常端起安全这面镜子，来检点自己的行为。

《大意的代价》

作者：沙集小学　　沙舜尧　　辅导教师：汤燕秋

　　随着学习以及生活阅历的增加，我们独立意识不断增强，人也变得越来越自信，但由于我们青少年的年龄特点又决定了很多时候会犯盲目乐观和粗心大意的毛病。而疏忽大意和过于自信正是导致过失致人死亡罪的两大原因。我们要避免此类犯罪就必须在平时养成做事认真的良好习惯，如做事情之前要做好切实可行的计划，把可能遇到的问题考虑周全，在实施的过程中一定要有专心、细心和耐心。实施后要及时总结经验与教训，以便下次遇到类似问题的时候我们可以考虑得更周全。在制订计划和实施过程中一定要多听听他人的意见，这样也能起到事半功倍的效果。将来我们踏入社会了，在工作的过程中更要严格遵守各种规章制度，对有可能造成危害结果的行为多多加以留意，以免酿成本无心，却双方遭遇不幸的结局。

图　说

　　画面在描述一场事故。一台大型机器停在路边，车前躺着一个人，站在他身边的两个人在争执和撕扯，还有一个警察努力分开他们。事故已经造成，对于逝者再怎么也是于事无补。所以任何时候、任何人不管做什么事情，都要永远牢记"安全重于泰山，生命高于一切。"

《请冷静》

作者：刘圩小学　丁姗姗　辅导教师：吴超华

为你支招

　　《扬子晚报》曾报道了扬州一起入室盗抢案，歹徒在作案时被该户居民发现，随后发生了男主人勇斗歹徒的事情。在歹徒逃跑后，男主人适时止步并及时报警，其智勇行为得到警方表扬。显然，本案在一定程度上颠覆人们的常规思维的同时，也带来了一些警示——市民遇到小偷时到底该怎么办，如何在保护自己合法权益的同时，规避可能遭遇的法律风险？

　　对于这个问题，专家提醒一句话，就是"在积极自救的同时及时报警"。

图　说

　　我们在追赶小偷的时候，要谨慎行事，既要抓住小偷，还不能使小偷在我们的追赶下丧失性命，我们要使用法津武器来教育他，让他走入人生正轨上来。

第十一章

勿让冲动成魔鬼

《冲动的惩罚》

作者：沙集小学　　陈宝怡　　辅导教师：王维宝

冲动是魔鬼

　　17岁的王凯和李俊初中辍学后一直无所事事，经常和跑运输的朋友程某一起玩耍。2007年11月27日晚，朋友程某因货车收费问题在一路口与过路司机彭某发生冲突。遂电话纠集王凯、李俊，"朋友被欺负，决不能坐视不管"，王凯、李俊这样想着，挂断电话，立即赶到现场，不问青红皂白，搬起石头，拿起棍棒将彭某的货车砸坏，经鉴定，该车被毁价值人民币7600多元。

| 图 说 |

　　一个孩子的成长，需要多方的关心，多人的帮助才能健康茁壮成长。这包括父母、老师和社会等多方的付出。

《我们要做守法公民》

作者：沙集小学　　刘思盈　　辅导教师：汤燕秋

　　故意毁坏财物罪是指故意毁灭或者损坏公私财物，数额较大或者有其他严重情节的行为。本案中的两名花季少年，本应在父母的呵护下健康成长，却因为所谓的哥们义气，不辨是非、不顾后果，一时冲动沦为阶下囚，只能隔着铁窗去回忆那曾经拥有却不懂珍惜的自由。

　　助人为乐是做人的美德，但是，助纣为虐就是做人的大忌了。为了哥们义气两肋插刀，最终是一失足成千古恨。所以，面对他人包括朋友的"无法无天"的要求，必须保持头脑清醒，以法律和道德为标尺进行衡量，三思而后行，不可随意迁就，否则会铸成大错。

图　说

　　画面构图饱满，色彩对比强烈，尤其是蓝色和橙色补色对比，不但视觉上鲜艳夺目，而且先声夺人的突出主题——"我们要做守法公民"。如果我们要建设现代化法治国家，这些基本法律意识就应该从小就培养，让法律意识伴随每个少年儿童健康成长。

《我们的成长》

作者：刘圩中学　史欣瑜　辅导教师：夏春红

　　珍贵的友谊让我们的生活更美好。但是近朱者赤，近墨者黑，一定要慎择友，择良友。

　　在遇到较强的情绪刺激时，应采取"缓兵之计"，强迫自己冷静下来，迅速分析一下事情的前因后果，再采取行动，尽量别让自己陷入冲动鲁莽、简单轻率的被动局面。比如，当被别人讽刺、嘲笑时，如果立刻生气，反唇相讥，则很可能引起双方争执，伤了和气。但如果此时用沉默为武器以示抗议，或只用寥寥数语正面表达自己受到的伤害，对方反而会感到尴尬。

　　学会宽容，宽容为怀是解决问题的最好途径。在学校，当你和同学发生争执时，不要一时昏了头脑，不吵个脸红脖子粗绝不罢休，或许在你退一步之后，这场争吵便停止了。不要认为在这个过程中自己让一步就是退缩，是没有本事的表现，相反就在你忍让的那一刻，你周围的人会对你的行为发出无声的赞叹：你是一个大度、成熟的人。

┃图　说┃

　　一个孩子的成长，需要多方的关心，多人的帮助才能健康茁壮成长。这包括父母、老师和社会等多方的付出。

第十二章

己所不欲 勿施于人

《绑架女孩为金钱》

作者：沙集小学　许　巍　辅导教师：五维宝

绑架劫财　只为家人的一个责备

　　16岁的少年小伟，初中毕业后因家庭经济困难，便放弃学业，外出打工挣钱。因文化水平低，也没有一技之长，只能靠简单的体力活来勉强维持生活。而当其辛辛苦苦劳累了一年，春节回家时，身上仅有几十元钱。父母说他："真没用，你看人家……"小伟受到父母的责备后，躺在床上想到了"秋秋家住新楼房，她家中一定有钱，绑架她不是比干什么挣钱都要快吗？还不用出力。"于是小伟于一天傍晚，以谎称有东西给秋秋（12岁）为由，将其骗到自己家中捆绑并持刀威胁，向秋秋家人敲诈人民币5万元，因秋秋的父母及时报警而案发。

　　2011年10月16日，被告人小伟因绑架罪被睢宁县人民法院依法判处有期徒刑7年。

图　说

　　君子爱财取之有道，我们要好好劳动，换取报酬，歪门邪道骗取钱财终要受到法律制裁。

《财迷心窍施哄骗》

作者：沙集小学　许　巍　辅导教师：王维宝

案例分析

　　绑架罪，是指以勒索财物为目的或者出于其他目的，采用暴力、胁迫或麻醉等方法，劫持他人作为人质的行为。本罪侵犯的客体是他人的身体健康权、生命权、人身自由权。客观方面表现为以暴力、胁迫、麻醉或其他方法劫持他人的行为。本案中小伟以勒索财物为目的，采用威胁、捆绑等手段，限制了被害人秋秋的人身自由，企图勒索财物，其行为构成绑架罪。

图　说

　　我们不要从小养成贪人家小便宜的坏毛病，别人的东西再好也不能拿，良好的品质从小养成。

《关爱》

作者：刘圩中学　陈　欣　　辅导教师：夏春红

世界上没有相处不了的人，只有不会相处的人。这说明，再难相处的人也是可以相处好的，关键是用什么方式。也就是说，代沟虽然很难完全消除，但是可以通过我们的努力尽量缩小——假如你掌握与父母沟通的方法。

子女要正确认识父母、家庭在自己成长中的重要作用，用心去体会父母对自己的关爱，我们就会尊重父母、孝敬父母、理解父母，并理智地处理与父母的冲突，与父母成为无话不说的知心朋友。孝敬父母、尊重父母、理解父母是每个学生应有的美德。我们要经常与父母沟通思想，交流意见，在弄清父母意见是否合理之后，应心悦诚服地接受。正确认识父母的关爱与教育，以及可能产生的矛盾。体会父母在我们成长过程中付出的大量心血和汗水，以感激的心情和理智的态度去对待父母，相信父母，赞美父母。

图 说

孩子受到了挫折，作为家长要多关心、多开导孩子，抚平孩子受伤的心灵，让孩子感受爱的温暖。

统　　筹:陆丽云
责任编辑:邓创业
封面设计:胡欣欣
责任校对:吕　飞

图书在版编目(CIP)数据

小雨滴:青少年法律常识/沈　淬 主编. −北京:人民出版社,2015.8(2016.5 重印)
ISBN 978 − 7 − 01 − 014897 − 7

Ⅰ.①小…　Ⅱ.①沈…　Ⅲ.①法律-中国-青少年读物　Ⅳ.①D920.5

中国版本图书馆 CIP 数据核字(2015)第 111988 号

小　雨　滴

XIAO YUDI

——青少年法律常识

沈　淬 主编

人民出版社 出版发行

(100706　北京市东城区隆福寺街 99 号)

保定市北方胶印有限公司印刷　新华书店经销

2015 年 8 月第 1 版　2016 年 5 月北京第 2 次印刷
开本:880 毫米×1230 毫米 1/24　印张:6
字数:120 千字

ISBN 978 − 7 − 01 − 014897 − 7　定价:32.00 元

邮购地址 100706　北京市东城区隆福寺街 99 号
人民东方图书销售中心　电话 (010)65250042　65289539